AF177826

Der letzte Kuss

A2/B1

Von Volker Borbein, Christian Baumgarten
und Thomas Ewald
Illustriert von Detlef Surrey

Der letzte Kuss

Volker Borbein, Christian Baumgarten und Thomas Ewald
mit Illustrationen von Detlef Surrey

Lektorat: Pierre Le Borgne
Layout: Annika Preyhs für Buchgestaltung+
Technische Umsetzung: Klein & Halm Grafikdesign, Berlin
Umschlaggestaltung: Ungermeyer, grafische Angelegenheiten
Umschlagfoto: Corbis/© 2/Jeremy Woodhouse/Ocean/Corbis

www.cornelsen.de

Die Webseiten Dritter, deren Internetadressen in diesem Lehrwerk
angegeben sind, wurden vor Drucklegung sorgfältig geprüft.
Der Verlag übernimmt keine Gewähr für die Aktualität und
den Inhalt dieser Seiten oder solcher, die mit ihnen verlinkt sind.

1. Auflage, 2. Druck 2024

© 2016 Cornelsen Schulverlage GmbH, Berlin
© 2024 Cornelsen Verlag GmbH, Berlin

Druck: H. Heenemann, Berlin

ISBN 978-3-06-120748-9

PEFC zertifiziert
Dieses Produkt stammt aus nachhaltig
bewirtschafteten Wäldern und kontrollierten
Quellen.

www.pefc.de

PEFC/04-31-1156

Inhalt

Sie können diese spannende Geschichte auch über einen MP3-Player zu Hause, bei einer Auto-, Zug- oder Busfahrt anhören und genießen. (www.cornelsen.de/daf-bibliothek/audios)

Personen

Philipp wird Zeuge eines brutalen Banküberfalls[1]. Philipp glaubt den Bankräuber[2] zu kennen. Er fühlt sich von ihm beobachtet, verfolgt und bedroht. In München kommt es zu einem dramatischen Ereignis.

Die Hauptpersonen dieser Geschichte sind:

Philipp Zufall
Kann er seine Liebe zu Aysche
geheim halten?

Aysche Öztürk
Klassenkameradin und Freundin
von Philipp.
Auf wen soll sie hören?
Auf ihr Herz, auf ihre Familie?

Die Eltern von Aysche
Sie wollen das Beste
für ihre Tochter, aber …

1 plötzlicher Angriff mit Waffen auf eine Bank
2 Krimineller, der eine Bank überfällt

Richard Tauber
Kriminalhauptkommissar.
Er leitet die Untersuchungen
des Banküberfalls.

Constanze Reich
Sozialarbeiterin und Integrations-
beauftragte an der Willy-Brandt-Schule.
Sie sucht in München nach
dem Liebespaar.

Patrick Reich
Ehemann von Constanze
und Privatdetektiv.

Der Bankräuber
Wer ist er?

Orte der Handlung: Berlin und München
Zeit der Handlung: April bis Mai

Kapitel | 1

Freitag, 30. April

Philipp geht gut gelaunt durch die Akazienstraße[1]. Er hat
die Kopfhörer seines MP 3-Players aufgesetzt. Er hört seine
Lieblingsmusik: Gangster-Rap[2] von 50 Cent. Philipp will zur
5 Bank gehen und nachsehen, wie viel Geld er auf dem Konto
hat. In seiner Freizeit trägt der achtzehnjährige Schüler
Zeitungen und Prospekte aus. Er will kontrollieren, ob die
Firma sein Geld überwiesen hat. Bald geht es auf Klassenfahrt. Hoffentlich wird seine Freundin Aysche dabei sein.
10 Das wäre toll. Er freut sich.
Es ist ein schöner Frühlingstag. Fußgänger und Radfahrer
genießen[3] die Sonne. Schulkinder spielen mit einem Ball auf
dem Bürgersteig.
Es sind nur noch wenige Schritte bis zur Bankfiliale. Philipp
15 setzt die Kopfhörer ab. In diesem Augenblick stürmt[4] ein
schwarz gekleideter, maskierter Mann aus der Bank. Er hat
eine Pistole[5] in der Hand. Er übersieht Philipp und stößt[6]
mit ihm zusammen. Philipp fällt hart auf den Rücken. Bei
dem Zusammenprall ist die Gesichtsmaske des Mannes ver-
20 rutscht[7]. „Den kenne ich doch …", schießt es Philipp durch

1 Straße im Bezirk Tempelhof-Schöneberg, Berlin
2 Musik von Rappern mit krimineller Vergangenheit
3 an etwas Freude haben
4 sehr schnell herauskommen
5 Schusswaffe, Revolver
6 gegeneinanderprallen
7 verschieben

den Kopf. Mit weit aufgerissenen Augen starrt[8] er den Mann an, der drohend vor ihm steht, die Pistole in der Hand.

„Du hältst deine Schnauze[9], sonst lege ich dich um[10]!", sagt der maskierte Mann mit leiser Stimme. Dann rennt er davon.

Philipp steht langsam auf. Die Angst hat ihn gepackt. „Woher kenne ich den Typen bloß?", fragt er sich. Er kommt nicht darauf.

In der Bank liegt ein Mann am Boden. Er blutet stark aus der Brust. Ist er tot? Ein älterer Mann sitzt auf einem Stuhl. Er sieht aus wie ein Häufchen Elend[11]. Er ringt nach Luft. Niemand hilft ihm. Eine Frau hält sich am Bankschalter fest. Sie schüttelt ununterbrochen ihren Kopf. Sie schreit plötzlich. Ihr kleiner Hund hat sich von der Leine gerissen. Er bellt und läuft zwischen den Menschen hin und her. Bankmitarbeiter bewegen sich nicht von der Stelle. Auch sie stehen unter Schock. Philipp ist entsetzt. Jetzt begreift er, was passiert ist. Endlich hört er die Polizeisirenen. Die Kopfhörer hängen ihm lose um den Hals. Daraus kommt immer noch die Musik von 50 Cent. Sie handelt von Bandenkriegen in Brooklyn[12].

Drei Polizeiautos halten vor der Bank. Mehrere Polizisten steigen aus. Einer von ihnen trägt keine Uniform. Er geht in die Bank.

„Mein Name ist Richard Tauber. Ich bin Kriminalhauptkommissar und leite die Ermittlungen in diesem Fall. Ich muss Sie alle befragen. Bitte beschreiben Sie mir genau, was passiert ist." Er geht zu einem der Bankangestellten. „Gibt

---

8 lange und fest ansehen
9 den Mund halten, schweigen
10 töten
11 sehr traurig aussehen
12 großer Bezirk in New York City

es hier einen Raum, in dem ich einzeln mit allen sprechen kann?"

„Ja, dort drüben", antwortet der junge Mann und zeigt mit dem Arm nach rechts auf eine geschlossene Tür.

5 „Woher nur kenne ich den Täter?", fragt sich Philipp halblaut.

Kapitel | 2

Mittwoch, 5. Mai

„Die Zeit ist um. Bitte legen Sie Ihre Arbeit an den Rand des Tisches. Vergessen Sie nicht, Ihren Namen und Ihre Klasse auf das Deckblatt zu schreiben", sagt Oberstudienrat Dr. Josef Craemer in strengem Ton zu den Schülern. Schnell schreibt 5 Aysche noch den letzten Satz. „Verlassen Sie jetzt alle den Raum." Zweiunddreißig Schüler und Schülerinnen der Abschlussklassen des beruflichen Gymnasiums für Gesundheit gehen hinaus.

Unten an der Ecke zur Turnhalle[13] wartet Philipp auf Aysche. 10 Er nimmt sie in seine Arme. Seit ein paar Monaten sind beide ein Paar. Philipp hat Aysche in der Theater-AG[14] zum ersten Mal gesehen. In den Proben sind sie sich näher gekommen.

13 Sporthalle
14 AG = Arbeitsgemeinschaft

Ungleicher könnte ein Paar nicht aussehen. Aysche ist zier-
lich[15]. Ihre langen schwarzen Haare passen zu ihrer bevor-
zugten Farbe der Kleidung: schwarz. Sie trägt mit Vorliebe
Jeans und modische Schuhe. Eine weiße Bluse bildet einen
5 lebhaften Kontrast zu ihren Wimpern[16] und dunkelbraunen
Augen. Silberne Armreife[17] unterstreichen ihre schmalen
Hände. Aysche wirkt größer als sie ist: 1,67 m. Ihre sanfte[18]
Stimme hat Philipp fasziniert.
Philipp ist größer als seine Freundin: 1,85 m. Seine blonden
10 Haare fallen auf breite Schultern. Ihm ist anzusehen, dass er
intensiv Sport treibt. Im rechten Ohr trägt er einen kleinen
goldenen Ring. Aysche liebt die Augenfarbe ihres Freundes:
ein strahlendes Blau.
    „Wie fandest du die Klausur[19]?", fragt Philipp. „Ich konnte
15 mit der letzten Frage zur Liebe zwischen Romeo und Julia[20]
wenig anfangen."
Aysche lacht.
    „Ach, das war doch einfach. Ich hätte noch viel mehr
schreiben können. Findest du nicht auch, dass wir Ähnlich-
20 keit mit Romeo und Julia haben?"
Philipp ist nachdenklich geworden.
    „Hoffentlich nicht. Wir wollen noch lange leben und vor
allem zusammenbleiben." Zärtlich sieht Philipp Aysche an.
Sie drückt seine Hand, sanft, ganz sanft.

---

15 schlank, schmal
16 kurzes Haar am Rand des Augenlids
17 Schmuck für die Arme
18 ruhig, freundlich, angenehm
19 schriftliche Prüfung
20 Trauerspiel von William Skakespeare (1564 – 1616)

Eigentlich trennen Philipp und Aysche Welten. Aysche und ihr zwei Jahre jüngerer Bruder Mehmet sind in Deutschland geboren. Der Vater arbeitet als Busfahrer bei der BVG[21] und kennt durch seine Tätigkeit Berlin besser als viele Berliner. Die Mutter hat vor zwei Jahren eine kleine Änderungs- schneiderei[22] in einer Nebenstraße der Bergmannstraße[23] eröffnet, nicht weit von ihrer Wohnung. So kann sie Familie und Arbeit miteinander vereinen.

Die Eltern haben hart gearbeitet, um so weit zu kommen. Sie haben sich dem deutschen Alltag angepasst[24] und leben gleichzeitig in ihrer türkischen Welt. In der Familie wird Türkisch gesprochen. Es gelten türkische Traditionen und Werte. Die Eltern von Aysche wissen nicht, dass ihre Tochter mit einem deutschen Jungen zusammen ist. Sie haben andere Pläne für ihre Tochter. Sie sehen ihre Zukunft an der Seite eines türkischen Ehemanns.

Noch halten Philipp und Aysche ihre Beziehung geheim. Manchmal hat Aysche deshalb ein schlechtes Gewissen[25] ihrer Familie gegenüber. Philipps Vater ist Chefarzt einer Privatklinik. Seine Mutter ist nicht berufstätig. Die Familie wohnt in einem großen Haus in der Nähe des Schöneberger Rathauses. Philipp ist Einzelkind.

---

21 Berliner Verkehrsgesellschaft
22 Werkstatt, in der man Kleidungsstücke ändert, damit sie den Kunden passen
23 *www.bergmannstrasse.de*
24 so leben wie die anderen
25 das Gefühl, etwas Unrechtes zu tun

Kapitel | 3

Mittwoch, 5. Mai, am frühen Nachmittag

„Du, ich freue mich auf unsere Klassenfahrt nach München. Bald haben wir einige Tage Zeit für uns. Aysche, hast du mit deinen Eltern gesprochen?"

5   „Meine Eltern wollen nicht, dass ich an der Klassenfahrt teilnehme."

„Warum nicht?", fragt Philipp. Er ist enttäuscht.

„Meine Eltern haben Angst um mich. Sie wollen nur mein Bestes." Aysche hat Tränen[26] in den Augen.

---

26 salzige Flüssigkeit, die aus den Augen kommt

„Rede noch mal mit ihnen", sagt Philipp.

„Das hat keinen Sinn. Ich kann reden, so viel ich will, aber sie hören nicht auf mich."

Beide schweigen.

„Ich habe eine Idee", sagt Philipp. 5

„Welche?"

„Die Sozialarbeiterin der Schule, Constanze Reich, begleitet die Klassenfahrt. Sie kann mit deinen Eltern sprechen."

„Das ist eine gute Idee. Ich werde morgen in der großen Pause mit ihr darüber reden." 10

„Lass uns jetzt einen Kaffee trinken. Ich bin von der Klausur noch völlig genervt", schlägt Philipp vor.

Aysche schaut auf ihre Uhr.

„Tut mir leid, das geht nicht. Meine Eltern wissen, dass ich jetzt Schulschluss habe." 15

„Schade. Dann begleite ich dich bis zum Bus." Hand in Hand gehen sie zur Haltestelle.

Freitag, 7. Mai

Es klingelt an der Wohnungstür. Aysche öffnet. Constanze Reich tritt ein und begrüßt die Eltern auf Türkisch. Die Eltern 20 sind angenehm überrascht. Das Eis ist gebrochen. „Der Türkischkurs an der Volkshochschule[27] hat sich gelohnt", denkt Constanze.

Constanze nimmt im Wohnzimmer Platz. Sie blickt um sich. An den Wänden hängen bunte Bilder von türkischen Land- 25 schaften. Auf der dunkelroten Couch sind mehrere Kopfkissen. Im Fernsehen läuft ein türkischer Heimatfilm. Herr

---

27 *siehe:* Gefährlicher Einkauf; *www.cornelsen.de/daf-bibliothek*

Öztürk stellt den Ton leiser. Frau Öztürk serviert heißen Tee in Gläsern.

„Es ist wichtig, dass Ihre Tochter an der Klassenfahrt nach München Ende Mai teilnimmt. Unter anderem ist ein Besuch
5 der Aufführung ‚Romeo und Julia‘ am Residenztheater[28] geplant. Die Schüler haben die Möglichkeit, mit dem Dramaturgen, dem Regisseur und den Schauspielern über das Stück zu sprechen. Ihre Tochter hat Deutsch als Leistungsfach und wird in der mündlichen Prüfung über das Theater
10 befragt.“

„Möchten Sie noch ein Glas Tee?“, fragt die Mutter.

„Gerne. Er schmeckt sehr gut.“

„Unsere Tochter ist noch nie alleine weg gewesen. Es kann so viel passieren. Ich möchte nicht, dass Aysche bei der
15 Verwandtschaft …“ Der Vater sucht nach Worten. „Dass die Verwandtschaft schlecht von Aysche redet.“ Sorgenvoll sieht er Frau Reich an.

„Ich verstehe Sie, Herr Öztürk. Ich kann Sie beruhigen. Sie können sicher sein, dass Ihre Tochter bei mir in guten
20 Händen ist. Außerdem fahren ihr Deutschlehrer und ihre Biologielehrerin mit nach München.“

„Frau Reich, ich vertraue Ihnen Aysche, unsere Tochter, an. Bitte enttäuschen Sie mein Vertrauen nicht.“ Der Vater steht auf. „Ich muss jetzt gehen. Meine Schicht fängt bald an.
25 Auf Wiedersehen.“ Auch Constanze steht auf und gibt ihm die Hand. Die Mutter bringt Constanze zur Tür.

Aysche ist glücklich. Zufrieden geht sie in ihr Zimmer. Sie schickt Philipp eine SMS.

28 *http://wikipedia.org/residenztheater*

Kapitel | 4

Mittwoch, 12. Mai, am Nachmittag

Philipp betritt das Café ‚Einstein‘²⁹. Er geht auf den Tisch zu,
an dem seine Schulkameraden Daniel, Christoph und Tobias
sitzen.

„Hallo!", begrüßt Philipp seine Freunde. „Ich hoffe, ihr habt 5
nicht zu lange auf mich gewartet."

    „Überhaupt nicht. Wir sind auch eben erst angekommen",
antwortet Tobias mit einem Blick auf seine beiden Klassenkameraden.

    „Was darf ich Ihnen bringen?" 10

Der Kellner nimmt die Bestellung auf: zwei Cola, einen Orangensaft und ein Tonic Water.

„Warten wir noch auf Nadine?", fragt Tobias.

„Nein. Sie kommt nicht. Sie hat mal wieder Stress mit
5 ihrem Freund. Eine Geschichte ohne Ende."

„Kommen wir sofort zur Sache!", sagt Daniel. „Wann und
wo findet unsere Fete zum Schulabschluss statt? Es soll eine
tolle Party werden. Wer weiß, wann wir uns alle wiedersehen. Lasst uns mit der Planung beginnen."

10 Nach 90 Minuten sind alle wichtigen Fragen geklärt. Philipp
verteilt die Aufgaben für die Vorbereitung des Festes.

„Noch mal dasselbe?", fragt der Kellner.

„Ja."

„Für mich nicht", antwortet Christoph. Er schaut auf
15 seine Uhr. Unruhig bewegt er sich seit mehreren Minuten
auf seinem Stuhl hin und her.

„Eine wichtige Frage ist doch noch offen. Wen von unseren Lehrerinnen und Lehrern laden wir ein?" Tobias schaut
seine Schulkameraden an.

20 „Können wir ein anderes Mal darüber sprechen? Ich habe
noch eine Verabredung. Ich müsste schon längst weg sein."
Christoph zieht seine Jacke an. Die anderen grinsen[30].

„Geh schon. Wir wollen deinem Glück nicht im Wege
stehen", ermuntert Tobias seinen Klassenkameraden. Chris-
25 toph legt Geld auf den Tisch und verabschiedet sich schnell.

„Der hat es aber eilig", sagt Daniel. „Aber er ist ja auch
frisch verliebt. Übrigens Philipp, wie geht es deiner Freundin?"

30 lächeln, sich lustig machen

Kapitel | 5

Mittwoch, 12. Mai, am Nachmittag

Daniel macht eine kleine Pause, um sich Aufmerksamkeit zu verschaffen.

„Philipp, in der letzten Zeit habe ich dich oft mit Aysche zusammen gesehen. Läuft was zwischen euch?"

Philipp wird rot. Er weiß nicht, was er sagen soll. Er hatte bis jetzt geglaubt, dass niemand über seine Beziehung zu Aysche Bescheid wusste. Aber warum weiter Versteck spielen? Warum seine Liebe verheimlichen[31]? Daniel hustet. Neugierig sieht er seinen Freund Philipp an. Philipp antwortet nicht. Er sieht aus dem Fenster. Menschen gehen vorbei. Touristen bleiben am Eingang vor dem Café stehen. Sie

---

31 nicht zeigen, verschweigen

lesen die Speisekarte. Der Blick von Philipp fällt auf einen Mann. Philipp erschrickt. Bilder vom Tag des Bankraubes am 30. April ziehen wie in Zeitlupe[32] an ihm vorbei. Plötzlich ist wieder der maskierte Mann mit der Pistole in der Hand

5 vor seinen Augen. Dieser Anblick ist im Kopf von Philipp wie festgebrannt: „Du hältst die Schnauze, sonst lege ich dich um."

Philipp erwacht wie aus einem tiefen Traum. Er lässt sein Glas fallen. Mit einem lauten Krach zerspringt das Glas auf

10 dem Boden.

„Was ist mit dir los?", fragt Daniel. „Du bist weiß wie die Wand."

„Ich habe ihn gesehen", antwortet Philipp mit leiser und zitternder Stimme.

15 „Wen?"

„Den Bankräuber."

„Wen?"

„Den Bankräuber", wiederholt Philipp.

„Wo?"

20 „Vor dem Eingang zum Café."

„Vor dem Eingang steht niemand. Philipp, du siehst Gespenster[33]."

Daniel und Tobias versuchen, ihren Freund Philipp zu beruhigen. Philipp weiß, dass er sich nicht irrt. Immer wieder

25 denkt er darüber nach, an wen ihn der Bankräuber erinnert. Er hat ihn schon einmal gesehen und gehört, wenn nicht sogar mehrere Male. Es ist nur eine Frage der Zeit, bis sich das Puzzle in seinem Kopf zusammensetzt und ein Bild

---

32 sehr, sehr langsam
33 Phantom, Geist

ergibt. Der Bankräuber weiß das auch! Angst steigt wieder
in Philipp hoch.

Die Klassenkameraden verabschieden sich. Jeder geht seinen
eigenen Weg nach Hause. Auch Philipp.

Er fühlt sich beobachtet.   5

Kapitel | 6

Mittwoch, 12. Mai, am Nachmittag

„Hat Daniel recht? Sehe ich wirklich Gespenster?" Philipp
versucht, sich zu beruhigen, während er zu dem Treffpunkt
geht, den er mit Aysche verabredet hat. „Ich habe den Bank-
5 räuber doch gesehen. Wenn ich mich nur daran erinnern
könnte, wer der Kerl ist. Ich habe ihn schon früher gesehen.
Ich kenne ihn." Philipp bleibt stehen und atmet tief durch.
Er möchte Aysche gerne eine Kleinigkeit mitbringen. Auf
der anderen Straßenseite ist ein Geschäft, wo es Bücher,
10 Zeitschriften, Süßigkeiten und Geschenkartikel gibt. Der

Gedanke an seine Freundin vertreibt[34] für einige Augen-
blicke die Angst. Der Verkehr ist stärker geworden. Philipp
verlässt den Bürgersteig und geht auf die Straße.
Ein schwarzer Wagen rast[35] direkt auf ihn zu. Philipp reagiert
blitzschnell. Er springt zurück. Der Wagen rast an ihm vor- 5
bei. Philipp will sich die Nummer merken, doch es ist zu
spät. Ein Fußgänger kommt auf ihn zu.
„Ist Ihnen etwas passiert?"
„Nein, nein", antwortet Philipp. „Es ist nur der Schreck."
Der Fußgänger schüttelt mit dem Kopf. 10
„Der Fahrer war bestimmt besoffen[36]. Sie haben toll
reagiert, alle Achtung."
„Kennen Sie den Fahrer?", fragt Philipp.
„Nein, aber das Auto habe ich schon gesehen. Das steht
hier oft in der Gegend. So eine Luxuskarosse[37] fällt auf. Ich 15
stehe Ihnen als Zeuge zur Verfügung, wenn Sie zur Polizei
gehen. Hier ist meine Visitenkarte."
„Na also", denkt Philipp. „Jetzt kommen wir der Sache
näher. Der Bankräuber muss hier in der Nähe wohnen."
Philipp bedankt sich bei dem Passanten und geht mit festen 20
Schritten über die Straße.
Das bunte Schaufenster des kleinen Geschäfts wirkt einla-
dend. Drinnen herrscht eine angenehme Atmosphäre. Es
riecht nach Süßigkeiten und Kaffee. Philipp kauft für Aysche
eine kleine Packung Pralinen und verlässt den Laden. 25

34 vergessen lassen
35 sehr schnell fahren
36 betrunken sein; zu viel Alkohol getrunken haben
37 sehr teures Auto

Kapitel | 7

Mittwoch, 12. Mai, am späten Nachmittag

Philipp erzählt Aysche, was ihm auf der Straße passiert ist. Sie entschließen sich, zur Polizei zu gehen. Ein junger Polizeibeamter nimmt Philipps Personalien auf.

5 Der Polizeibeamte macht sich Notizen über den Vorfall.

„Gab es Zeugen?"

„Ja."

Philipp überreicht die Visitenkarte des Fußgängers.

„Gut. Den werde ich später befragen. Herr ...", der junge
10 Polizist schaut in seine Notizen, „Herr Zufall. Sie haben den Verdacht geäußert, dass der bisher noch unbekannte Autofahrer oder die unbekannte Autofahrerin Sie mit Absicht

überfahren, ja tödlich verletzen wollte. Können Sie Ihren
Verdacht begründen? Oder kann es sich wirklich nur um
einen, entschuldigen Sie, Zufall handeln? Ein betrunkener
Autofahrer?"

„Zufall, Zufall", sagt Philipp. „Natürlich. Alles ist möglich. 5
Aber hören Sie. Im April wurde ich Zeuge eines Banküberfalls. Der Bankräuber hat gedroht, mich zu töten. Er muss
mich kennen bzw. ich ihn. Seit dem 30. April fühle ich mich
beobachtet. Und dann heute dieser Zwischenfall[38]. Das
nächste Mal hat er vielleicht mehr Glück! Bitte, unterneh- 10
men Sie etwas!"
Der junge Polizist guckt Philipp noch immer ungläubig[39] an.

„Glauben Sie mir, wir tun, was wir können. Wir suchen
zuerst die Person, die es angeblich[40] auf Sie abgesehen hat.
Haben wir den Halter des Wagens, ist das Problem vielleicht 15
gelöst. Es dürfte nach Ihrer Beschreibung und nach der
Beschreibung durch den Zeugen nicht allzu schwer sein, das
Auto zu finden. Im Moment können wir nicht mehr tun, leider. Wir melden uns bei Ihnen, wenn wir mehr wissen. Wir
rufen Sie an." 20
Nachdem Philipp das Protokoll unterschrieben hat, verlässt
er mit Aysche das Kommissariat. Sie sind enttäuscht. Sie
hatten mehr Hilfe erwartet.

„Ach, das hätte ich fast vergessen. Das ist für dich, meine
Liebe." Erst gibt Philipp seiner Freundin einen Kuss, dann die 25
Pralinen.

38 plötzliches, unangenehmes Ereignis
39 mit großem Zweifel
40 noch nicht sicher; *hier:* nach Ihrer Aussage

Kapitel | 8

Dienstag, 18. Mai

Es ist ein warmer sonniger Frühlingstag. Die Mittagssonne zeigt sich von ihrer besten Seite. Aysche und Philipp gehen Hand in Hand spazieren.

5 Der Deutschlehrer ist krank geworden, eine Vertretung gab es nicht und so endete der Unterricht zwei Stunden früher als geplant. Für Aysche und Philipp zwei gewonnene Stunden, die sie voll auskosten[41]. Sie haben sich so viel zu sagen. Sie wissen nicht, wo sie anfangen sollen. Sie genießen das

10 Zusammensein, die Sonne, den Tiergarten[42].

---

41 intensiv genießen
42 *www.berlin-tourist-information.de*

Sie sind nicht allein an diesem herrlichen Tag. Sie begegnen anderen Spaziergängern, Liebespaaren, Radfahrern und freilaufenden Hunden. Hundebesitzer rufen ihre Hunde zurück, die widerwillig gehorchen[43] und nur langsam zurückkommen. Vögel singen. Büroangestellte verbringen ihre Mittagspause im Park. Sie essen ihre mitgebrachten Brote und unterhalten sich mit Kollegen. Sie lachen. Aysche und Philipp setzen sich auf eine Bank. 5

„Kennst du München?", fragt sie.

„Ja. Ich bin schon mehrere Male da gewesen", sagt Philipp. „Ein Onkel wohnt in der Nähe des Olympiastadions[44]. Er besitzt in einem ehemaligen Fabrikgebäude im obersten Stockwerk ein Loft. Er hat einen herrlichen Blick über die Stadt. Aber was erzähle ich dir. Wir werden ihn besuchen." Philipp macht eine kleine Pause. „Du kannst dir gar nicht vorstellen, wie sehr ich mich auf die gemeinsame Zeit mit dir freue." 10 15

„Ich mich auch, Philipp. Mit dir bin ich glücklich. Bald haben wir unser Abitur[45] in der Tasche. Uns gehört die Zukunft." Sie küssen sich. 20

Ein schwarz gekleideter Mann geht langsam auf die Bank zu. Er lächelt Philipp an und geht weiter. Philipp fängt an zu zittern. Sein Gesicht wird weiß. Er friert trotz der Wärme.

„Was ist los mit dir?", fragt seine Freundin erschrocken. Sie nimmt ihn in ihre Arme. 25

„Halt die Schnauze, sonst lege ich dich um! Das hat der Bankräuber damals zu mir gesagt. Aysche, ich glaube, nein,

---

43 nicht gerne tun, was andere sagen oder wollen
44 *www.olympiastadion.de*
45 abschließende Prüfung an einer höheren Schule, z. B. an einem Gymnasium

ich bin sicher, dass der Verbrecher mich zum Schweigen bringen will. Er denkt, dass ich ihn kenne. Ich fühle mich beobachtet. Ich habe Angst. Auch um dich. Ich will dich nicht in Gefahr bringen."

5 Das Reden tut ihm gut. Nach und nach beruhigt sich Philipp. Sie stehen auf und setzen ihren Spaziergang fort.

„Gemeinsam stehen wir das durch", sagen beide zur gleichen Zeit.

Wind kommt auf. Die Sonne verschwindet hinter dunklen
10 Wolken. Es beginnt zu regnen.

Kapitel | 9

Dienstag, 25. Mai

Endlich ist es soweit. Die Schüler der beiden Klassen stehen
am Bahngleis.
„Auf Gleis eins fährt in wenigen Minuten der ICE nach Mün-
chen ein. Planmäßige Ankunft 8.48 Uhr, planmäßige Abfahrt 5
8.58 Uhr. Vorsicht bei der Einfahrt des Zuges. Wir wünschen
allen Reisenden eine gute Fahrt mit der Deutschen Bahn."
Auf dem Berliner Hauptbahnhof[46] herrscht Hochbetrieb[47].
Die Geschäfte sind voll. Musik und Ansagen des Personals
sind überall zu hören. Es ist laut. Viele Menschen warten auf 10
Züge, andere eilen zu den Ausgängen.
Philipp und Aysche stehen nebeneinander direkt an den
Gleisen. Die Schüler unterhalten sich, machen Scherze und

---

46 *www.berlin.de/orte/sehenswuerdigkeiten/hauptbahnhof*
47 viel los sein

lachen. Philipp ist zufrieden. Aysche und er werden in München endlich Zeit füreinander haben.

„Da kommt der Zug", ruft Aysche freudig. Philipp lächelt.

„Dann kann es ja losgehen." Er bückt[48] sich, um seine Rei-
5 setasche aufzunehmen. Als er sich wieder aufrichten will,
spürt er plötzlich einen heftigen Stoß in den Rücken. Er fällt
nach vorne. Sein Herz schlägt wild. Er will sich irgendwo
festhalten, aber der Stoß war zu stark. Seine Hände greifen
ins Leere. Im letzten Moment wird er festgehalten.
10 Daniel hat seinen Arm gepackt und ihn zurück gerissen.
Eine Sekunde später ist der Zug da.

„Was machst du denn für Sachen?", fragt Daniel seinen
Freund. Philipp ist noch ganz erschrocken und weiß im
Gesicht:
15 „Ich glaube, mich hat jemand gestoßen ...", stammelt[49] er.
Daniel und Aysche gucken sich um.

„In diesem Gewühl[50] kann das jeder gewesen sein", sagt
Daniel. „Lasst uns einsteigen."
Als Philipp endlich neben Aysche sitzt und ihre sanfte
20 Stimme hört, beruhigt er sich allmählich. Er denkt nach.
Wurde er gestoßen? War es der Bankräuber? Oder hat ihn
nur jemand ohne Absicht angerempelt?
Philipp beschließt, mit Constanze Reich über alles zu reden.
Ihr Mann ist Privatdetektiv. Er weiß vielleicht, was in sol-
25 chen Situationen zu tun ist.
Es wird ein langes Gespräch mit ihr im ICE von Berlin nach
München.

---

48 den Oberkörper nach vorn und nach unten beugen
49 undeutlich sprechen
50 dichtes Durcheinander, Menschenmenge

Kapitel | 10

Freitag, 28. Mai, am Abend vor der Heimfahrt

Die Schüler haben die Klassenfahrt genossen. München
gefällt ihnen. Die Aufführung von ‚Romeo und Julia‘ hat alle
beeindruckt. Aysche hat einen neuen Berufswunsch: Schau-
spielerin.

Die Schüler sitzen mit der Sozialarbeiterin Constanze Reich
und dem Oberstudienrat Dr. Josef Craemer im Aufenthalts-

raum des Jugendhotels. Seine Kollegin, die Biologielehrerin, ist bereits ins Bett gegangen. Sie hat starke Kopfschmerzen. Die Schüler erzählen von ihrem Besuch im Hofbräuhaus[51].

„Es waren viele Japaner da, wir haben mit ihnen gesungen. Wir kannten den Text des Liedes ‚In München steht ein Hofbräuhaus‘ nur zur Hälfte. Die Japaner haben das Lied auswendig gesungen. Constanze, wir haben jeder einen Liter Bier, also eine Maß getrunken." Einige Schüler zeigen Constanze die gekauften Bierkrüge. „Wir haben Ihnen einen Bierkrug mitgebracht."

Daniel überreicht Constanze eine Maß. Constanze lacht und sagt:

„Ich schaffe es nicht, einen Liter Bier zu trinken. Mein Mann Patrick vielleicht." Constanze schaut auf ihre Uhr. Mitternacht ist vorüber. Alle Schüler sollten um 23 Uhr im Hotel sein. „Wo sind Aysche und Philipp?", fragt Constanze.

Einige Schüler gucken zu Boden oder pfeifen[52] in die Luft. Andere kichern[53].

„Vielleicht wollen sie endlich mal allein sein. Sie sehen sich ja sonst nur in der Schule", sagt Daniel.

Constanze wird ernst.

„Daniel! Was meinst du mit ‚endlich mal allein sein‘? Du willst doch nicht etwa sagen, dass …"

„Genau das will ich sagen. Falls Sie es noch nicht bemerkt haben, die beiden lieben sich."

Constanze ist besorgt.

„Wo sind Aysche und Philipp? Wer weiß, wo sie sind? Ich mache mir Sorgen. Vielleicht ist ihnen etwas passiert." Ihre

---

51 *www.hofbraeuhaus.de*
52 *hier:* so tun, als ob man mit der Sache nichts zu tun hätte
53 lachen

Stimme wird immer lauter. „Wo sind die beiden? Heraus mit der Sprache!"

Constanze sieht jeden Schüler einzeln an. Es ist still geworden im Aufenthaltsraum des Jugendhotels.

„Daniel, du bist Philipps bester Freund. Wohin ist er mit 5 Aysche gegangen?" Daniel schweigt. „Sag endlich, was du weißt!", sagt Constanze energisch.

„Ich weiß es nicht genau. Ich weiß nur, dass er Freunde oder Verwandte besuchen wollte. Genaues kann ich Ihnen aber nicht sagen." 10

„Gib mir die Handynummern von Philipp und Aysche!" Constanze ruft beide Nummern an. Sie sind nicht zu erreichen. Constanze wird nervös. Sie denkt an das Versprechen, das sie Aysches Eltern gegeben hat. Ihr fällt das Gespräch mit Philipp im Zug ein. „Der Bankräuber!", schießt es ihr 15 durch den Kopf. Hektisch ruft sie ihren Mann an.

Kapitel | 11

In der Nacht zum Samstag, 29. Mai

„Hilfe! Hilfe! Hört uns denn niemand? Hilfe!"

„Hörst du was, Aysche? Hör genau hin!"

Philipp und Aysche halten ihr Ohr an die Wand. Sie wagen
5 kaum zu atmen, um jedes Geräusch[54] hören zu können. Niemand antwortet. Sie schlagen an die Wand. Nichts passiert.
Stille.

Sie haben keine Kraft mehr. Es ist dunkel. Ihr letztes Streichholz ist verglüht[55]. Das Display des Handys ist erloschen[56].

---

54 Laut, Ton
55 ausgehen, nicht mehr brennen
56 dunkel werden, nicht mehr leuchten

„Philipp, niemand weiß, wo wir sind. Niemand kann uns helfen. Ich habe solche Angst. Und dann diese unheimlichen Geräusche. Was hat das zu bedeuten?"

„Der Albtraum[57] hat bald ein Ende, Aysche, glaub mir. Ich bin bei dir. Wir haben uns." Philipp macht sich und Aysche 5 Mut. Sie drückt ihren Kopf ganz fest an die Brust von Philipp.

„Aysche, ich habe Hunger. Hast du etwas zu essen?"

Aysche tastet[58] in ihrer Tasche. Sie findet ein paar Pralinen. Sie sucht Philipps Hand.

„Hier, die Packung ist noch halb voll. Es war dein 10 Geschenk, vielleicht dein letztes." Aysche beginnt zu weinen, erst leise, und dann immer heftiger und lauter. Philipp nimmt seine Freundin in die Arme.

„Aysche, meine Liebe, nein, das sind wirklich nicht die letzten Pralinen, die ich dir geschenkt habe. Wenn wir wie- 15 der frei sind, kaufe ich dir die beste Schokolade der Welt. Du bekommst alles, was du willst. Aysche, ich liebe dich."

„Ist noch Wasser da?", fragt Aysche. „Ich habe Durst. Mein Mund und mein Hals sind so trocken."

„Nein, leider nein." 20

Die Stimme von Philipp ist leiser geworden. Sie legen sich auf den Boden. Sie trösten[59] sich gegenseitig. Ein furchtbarer Verdacht steigt in Philipp hoch: Hat ihm der Bankräuber eine Falle[60] gestellt?

Diesen Gedanken behält er für sich. Er will Aysche damit 25 nicht belasten[61]. Philipp und Aysche kämpfen gegen Müdig-

---

57 schlechter Traum, der Angst macht
58 vorsichtig mit den Händen suchen
59 sich Mut machen
60 *hier:* jemanden an einen Ort locken, um ihn dort gefangen zu halten
61 beunruhigen

keit und aufkommende Panik. Sie haben das Zeitgefühl ver-
loren. Sie wissen nicht mehr, ob sie wach sind oder träumen.
Eng umschlungen[62] liegen sie auf dem Boden ihres Gefäng-
nisses und schlafen.

62 fest umarmt; sich in den Armen liegen

Kapitel | 12

Samstag, 29. Mai, am frühen Morgen

Plötzlich setzt sich der Fahrstuhl mit Krach[63] in Bewegung und das Licht geht an. Philipp und Aysche wissen für kurze Zeit nicht, wo sie sich befinden. Sie stehen auf. Philipp befürchtet[64] das Schlimmste. Von dieser Situation hat er 5 geträumt. Er hat Angst, große Angst. Der Fahrstuhl kommt zum Stehen. Philipp gibt Aysche einen letzten Kuss, drückt sie fest an sich und schließt seine Augen.

Langsam öffnet sich die Fahrstuhltür.

„Endlich", hört er eine Stimme sagen. „Endlich treffe ich 10 dich. Ich hatte gestern mit dir gerechnet. Sie müssen Aysche

---

63 lautes, unangenehmes Geräusch
64 glauben, dass etwas Gefährliches passiert

sein?" Ungläubig öffnet Philipp die Augen. Vor ihm steht sein Onkel. „Gehen wir in die Wohnung. Ein heißer Kaffee tut euch bestimmt gut."

Wenige Minuten später klingelt es. Constanze Reich und
5 Dr. Josef Craemer stehen vor der Wohnungstür. Erleichtert nimmt Constanze Aysche in ihre Arme. Mit Hilfe von Patrick hat Constanze die Adresse von Philipps Onkel erfahren. Daniel hat den entscheidenden Hinweis gegeben.

„Gott sei Dank ist alles gut gegangen", sagt Constanze.
10 „Mir fällt ein Stein vom Herzen. Aber ehrlich gesagt: Auf die Aufregung hätte ich gerne verzichtet. So, jetzt müssen wir zurück ins Jugendhotel. In drei Stunden geht unser Zug zurück nach Berlin."

Die Verabschiedung ist kurz und herzlich. Philipp verspricht
15 seinem Onkel, ihn bald zu besuchen. Mit Aysche. Ohne Fahrstuhl.

Bevor sie die Wohnung verlassen, zieht Philipp das Ladegerät[65] seines Handys aus der Steckdose. Er hört die eingegangenen Anrufe ab.

20 „Hier Kriminalhauptkommissar Richard Tauber vom Kommissariat V in Berlin Schöneberg. Es geht um Ihre Anzeige vom 12. Mai gegen den unbekannten Autofahrer. Bitte kommen Sie so bald wie möglich in unsere Polizeidienststelle. Wir haben noch einige Fragen an Sie."

25 Philipp ist aufgeregt. Er ruft die angegebene Telefonnummer in Berlin an. Das Gespräch dauert nicht lange.

„Und? Wurde der Bankräuber gefasst? Was hat die Polizei gesagt? Red schon, Philipp."

---

65 „Tankstelle" für die Akkus

„Aysche, wir müssen uns gedulden. Ich soll heute Abend auf das Kommissariat kommen. Sie wollen mir Fotos von dem Bankräuber zeigen. Das wird ein langer Tag."
Philipp ist enttäuscht. Er hatte auf Antworten gehofft.

Samstag, 29. Mai, gegen 19 Uhr 5

Kriminalhauptkommissar Richard Tauber zeigt Philipp mehrere Fotos.
„Herr Zufall, erkennen Sie jemanden? Lassen Sie sich Zeit."
Philipp sieht die Fotos aufmerksam an. Er traut seinen 10 Augen nicht.
„Das darf doch nicht wahr sein", ruft er laut. „Ich wusste, dass ich ihn kenne. Natürlich. Wie konnte ich nur so blind sein!" Er schlägt sich mit der rechten Hand an die Stirn. Der Kommissar sieht ihn erstaunt an. 15
„Was wussten Sie, wen kennen Sie?"
„Hier. Den da. Ich weiß nicht genau, wie er heißt. Ich glaube Oliver oder so ähnlich. Ich kenne ihn aus meinem Sportverein. Er ist dort Mitglied. Ein Angeber[66]. Ist er der Bankräuber?" 20
„So ist es. Er wurde gestern bei einem Banküberfall gefasst. Herr Zufall, Sie haben uns sehr geholfen. Wir informieren Sie, wenn wir mehr wissen. Natürlich überprüfen wir, ob Sie von dem Verdächtigen bedroht worden sind."
Nachdem Philipp von dem Zwischenfall am Bahnhof berich- 25 tet hat, verlässt er erleichtert das Büro des Kommissars. Endlich keine Angst mehr!

66 jemand, der sich vor anderen Menschen wichtig macht

Die Ermittlungen haben ergeben, dass Oliver H. mehrere Male versucht hat, Philipp Zufall zum Schweigen zu bringen. Die Eltern von Aysche akzeptieren mittlerweile den deutschen Freund ihrer Tochter. Inzwischen haben sie auch
5 Philipps Eltern kennengelernt.

Übungen

Kapitel 1

Ü1   Haben Sie das im Text gelesen?

	Ja	Nein
1. Am Donnerstagnachmittag geht Philipp durch die Akazienstraße zur Bank.	☐	☐
2. Philipp freut sich.	☐	☐
3. Es ist ein schöner Sommertag.	☐	☐
4. Philipp möchte seinen Kontostand kontrollieren.	☐	☐
5. Philipp hofft, dass seine Freundin an der Klassenfahrt teilnehmen wird.	☐	☐
6. In der Bank stößt Philipp mit dem Bankräuber zusammen.	☐	☐
7. Philipp glaubt den Bankräuber zu kennen, ist sich aber nicht hundertprozentig sicher.	☐	☐
8. Nur ein Polizist trägt eine Uniform.	☐	☐

Begründen Sie Ihre Antworten mit Hilfe des Textes.

Kapitel 2

Ü2   Welches Wort gehört nicht dazu?
1. Arm, Augen, Bein, Gesicht, Haare, Haut, Ohr, Paar, Schulter, Wimper

2. Abitur, Gymnasium, Fachhochschule, Klassenarbeit, Klausur, Kunden, Prüfung, Unterricht, Zeugnis
3. Arbeit, Buch, Disco, Kino, Museum, MP3-Player, Radio, Reise, Theater
4. Freude, Glück, Herzlichkeit, Hoffnung, Leidenschaft, Liebe, Sorge, Zufriedenheit

Kapitel 3

Ü 3   Welche Zusammenfassung ist richtig?

A Philipp spricht mit Aysche über die Klassenfahrt. Er erfährt, dass die Eltern von Aysche nicht wollen, dass ihre Tochter an der Klassenfahrt teilnimmt. Besonders der Vater fürchtet negative Reaktionen bei der Verwandtschaft. Constanze Reich versteht die Situation der Familie.

B Die Eltern von Aysche wollen nicht, dass ihre Tochter an der Klassenfahrt teilnimmt. Aysche bittet Constanze Reich, bei ihren Eltern zu vermitteln. In der türkischen Familie wird Constanze freundlich empfangen. Es gelingt ihr, das Vertrauen der Eltern zu gewinnen. Aysche ist glücklich. Sie darf mit nach München.

C Die Eltern von Aysche haben Angst um ihre Tochter und davor, dass ihre Verwandtschaft schlecht über Aysche redet. Deshalb erlauben sie ihrer Tochter nicht, an der Klassenfahrt nach München teilzunehmen. Bei einem Besuch der Familie Öztürk versucht Constanze Zeigen, das Vertrauen der Eltern zu gewinnen.

Kapitel 4

Ü 4   Bringen Sie die Sätze in die richtige Reihenfolge.

a. Philipp begrüßt seine Freunde.

b. Der Kellner nimmt die Bestellung auf.

c. Philipp betritt das Café „Einstein".

d. Philipp geht auf den Tisch zu, an dem seine Freunde bereits sitzen.

e. Daniel schlägt vor, mit der Planung zu beginnen.

f. Tobias fragt, ob Lehrer eingeladen werden sollen.

g. Nach 90 Minuten sind alle wichtigen Fragen geklärt.

h. Christoph legt Geld auf den Tisch und geht.

i. Christoph hat eine wichtige Verabredung.

j. Christoph bewegt sich seit mehreren Minuten unruhig auf seinem Stuhl hin und her.

1	2	3	4	5	6	7	8	9	10

Kapitel 5

Ü 5   Was gehört zusammen?

1. aus einem Traum	a. lesen
2. Gespenster	b. spielen
3. Versteck	c. fühlen
4. nach Hause	d. irren
5. sich beobachtet	e. erinnern
6. sich	f. sprechen
7. sich an jemanden	g. gehen
8. mit zitternder Stimme	h. sehen

9. Bescheid   i. wissen
10. die Speisekarte   j. erwachen

Kapitel 6

Ü 6   **Richtig oder falsch? Kreuzen Sie an.**

	richtig	falsch
1. Auf dem Weg zum Treffpunkt mit Aysche findet Philipp schnell seine Ruhe wieder.	☐	☐
2. Philipp möchte seiner Freundin ein kleines Geschenk mitbringen.	☐	☐
3. Es gibt kaum Verkehr.	☐	☐
4. Ein dunkelrotes Auto fährt mit hoher Geschwindigkeit auf Philipp zu.	☐	☐
5. Philipp kann dank seiner schnellen Reaktion dem Auto ausweichen.	☐	☐
6. Philipp kann sich leider nicht die Nummer merken.	☐	☐
7. Ein Fußgänger, der den Vorfall beobachtet hat, ruft sofort die Polizei.	☐	☐
8. Philipp geht noch einmal über die Straße, ohne Angst.	☐	☐

Begründen Sie Ihre Antworten mit Hilfe des Textes.

Kapitel 7

Ü 7   Was passt zusammen?

1. die Annahme, dass jemand etwas Verbotenes getan hat oder tun will
2. ein Ereignis, das so nicht geplant war
3. Person, die einen bestimmten Vorfall beobachtet hat, z. B. einen Unfall oder einen Banküberfall
4. das feste Wollen, etwas zu tun
5. die Fähigkeit, lange und ruhig auf etwas zu warten
6. positive Umstände oder erfreuliche Zufälle, auf die man keinen Einfluss hat und die einem einen persönlichen Vorteil oder Erfolg bringen
7. genaue Angaben machen, z. B. über eine Person
8. eine Situation, in der das Leben oder die Gesundheit einer Person bedroht wird
9. plötzliches, meist unangenehmes Ereignis

a. Zwischenfall
b. Gefahr
c. Beschreibung
d. Glück
e. Geduld
f. Absicht
g. Zufall
h. Zeuge
i. Verdacht

Kapitel 8 – 10

Ü 8 Bringen Sie die Sätze in die richtige Reihenfolge.

a. Die Schüler erzählen von ihrem Besuch im Hofbräuhaus.

b. „Wo sind Aysche und Philipp?", fragt Constanze.

c. „Du willst doch nicht etwa sagen, dass ..."

d. Einige Schüler zeigen Constanze die Bierkrüge.
„Wir haben Ihnen einen Bierkrug mitgebracht."

e. Constanze sieht jeden Schüler einzeln an. „Wer weiß,
wo sie sind?"

f. „Genau das will ich sagen."

g. Constanze schaut auf ihre Uhr.

h. „Ich weiß es nicht genau. Ich weiß nur, dass er
Freunde oder Verwandte besuchen wollte."

i. Constanze wird nervös.

j. Hektisch ruft sie ihren Mann an.

k. „Vielleicht wollen sie endlich mal allein sein. Sie
sehen sich ja sonst nur in der Schule", sagt Daniel.

l. Im Hauptbahnhof stehen Philipp und Aysche nebeneinander direkt an den Gleisen.

m. Aysche und Philipp gehen im Tierpark spazieren.

n. Im ICE hat Philipp ein langes Gespräch
mit Constanze.

1	2	3	4	5	6	7	8	9	10	11	12	13	14

Kapitel 11

Ü 9   Haben Sie das im Text gelesen?

	Ja	Nein
1. „Hilfe! Hilfe! Hört uns denn niemand?"	☐	☐
2. Sie wagen kaum zu atmen, um jedes Geräusch hören zu können.	☐	☐
3. Philipp macht sich und Aysche Mut.	☐	☐
4. Aysche drückt ihren Kopf ganz fest an die Brust von Philipp.	☐	☐
5. Aysche hat Hunger.	☐	☐
6. Philipp hat einen Verdacht.	☐	☐
7. Philipp und Aysche bleiben hellwach.	☐	☐

Kapitel 12

Ü 10   Tragen Sie die Antworten in die Kästchen ein. Die Antworten ergeben das Lösungswort.

1. Wann trägt Philipp Zeitungen aus? (Kapitel 1)
2. Wie heißt Philipps Freundin mit Vornamen? (Vorwort)
3. Bis wohin gehen Philipp und Aysche? (Kapitel 3)
4. In welchem Theater ist ein Besuch der Aufführung von ‚Romeo und Julia' geplant? (Kapitel 3)
5. Was hat Nadine mal wieder mit ihrem Freund? (Kapitel 4)
6. Wer bleibt vor dem Eingang des Cafés stehen und liest die Speisekarte? (Kapitel 5)
7. Was endet zwei Stunden früher als geplant? (Kapitel 8)
8. Was herrscht auf dem Berliner Hauptbahnhof? (Kapitel 9)
9. Was zieht Philipp aus der Steckdose? (Kapitel 12)

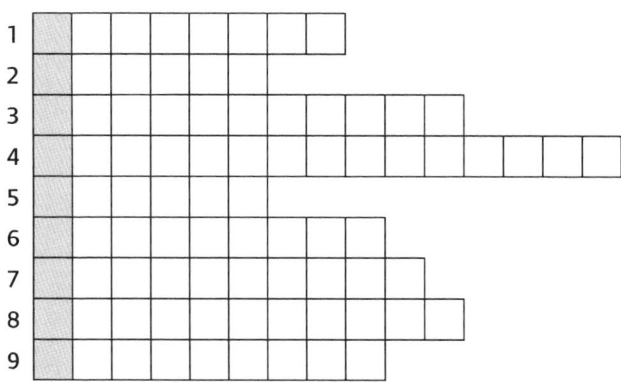

Lösungswort: _____

Lösungen

Kapitel 1
Ü1 Ja: 2, 4, 5, 7 Nein: 1, 3, 6, 8

Kapitel 2
Ü2 1. Paar; 2. Kunden;
     3. Arbeit; 4. Sorge

Kapitel 3
Ü3 richtig: B

Kapitel 4
Ü4 1c – 2d – 3a – 4b – 5e –
     6g – 7j – 8f – 9i – 10h

Kapitel 5
Ü5 1j; 2h; 3b; 4g; 5c;
     6d; 7e; 8f; 9i; 10a

Kapitel 6
Ü6 richtig: 2, 5, 6, 8
     falsch: 1, 3, 4, 7

Kapitel 7
Ü7 1i; 2g; 3h; 4f; 5e;
     6d; 7c; 8b; 9a

Kapitel 8 – 10
Ü8 1m – 2l – 3n – 4a – 5d –
     6g – 7b – 8k – 9c – 10f –
     11e – 12h – 13i – 14j

Kapitel 11
Ü9 Ja: 1, 3, 4, 6 Nein: 2, 5, 7

Kapitel 12
Ü10 1. Freizeit
    2. Aysche
    3. Haltestelle
    4. Residenztheater
    5. Stress
    6. Touristen
    7. Unterricht
    8. Hochbetrieb
    9. Ladegerät
    Lösungswort: Fahrstuhl

MP3:
Der letzte Kuss
Ein Fall für Patrick Reich

Gelesen von Kim Pfeiffer

Regie:	Susanne Kreutzer
	Kerstin Reisz
	Christian Schmitz
Toningenieur:	Christian Schmitz
Studio:	Clarity Studio Berlin

unter www.cornelsen.de/daf-bibliothek/audios